REFORM OF THE LABOR SYSTEM

노동개혁

노동자에서 사회 연구원으로 전환하는 설계

REFORM OF THE LABOR SYSTEM

노동개혁

노동자에서 사회 연구원으로 전환하는 설계

I. 한국어 본문(Korean Edition)

노동개혁 – 노동자에서 사회 연구원으로 전환하는 설계

Contents

서 문

대한민국 기업들은 척박한 환경 속에서 한강의 기적을 일궈내며 세계가 경탄하는 눈부신 성취를 달성했습니다. 그 여정의 중심에는 불가능을 가능케 한 경영자들의 과감한 결단과, 산업 현장에서 묵묵히 헌신해 온 구성원들의 뜨거운 열정이 있었습니다. 우리는 이 위대한 역사를 일궈온 모든 주역의 노고를 깊이 존중하며, 그들이 쌓아 올린 토대 위에서 다음 세대를 위한 새로운 경영의 길을 모색하고자 합니다. 하지만 오늘날의 경영 환경은 과거의 성공 방식만으로는 해결할 수 없는 구조적 정체에 직면해 있습니다. 매년 반복되는 소모적인 노사 갈등과 경직된 조직 문화는 이제 기업의 성장을 가로막는 가장 큰 걸림돌이 되었습니다.

본 서가 경제개혁이 아닌 노동개혁을 전면에 내건 이유는 명확합니다. 현재 우리가 겪고 있는 노사분규는 단순히 보상의 문제가 아니라, 고도의 지능과 전문성을 갖춘 인재들을 여전히 수동적 노동자라는 낡은 프레임 안에 관리해 온 시스템의 한계에서 기인하기 때문입니다. 리더가 구성원을 노동자로 규정하는 순간, 조직은 관리와 통제, 그리고 이에 대응하는 처우 개선 요구라는 대립적 구도에 갇히게 됩니다. 이러한 구조적 예속 상태에서는 아무리 뛰어난 인재라도 자신의 잠재력을 온전히 발휘하기 어렵습니다.

이제는 구성원을 노동자라는 낡은 굴레에서 해방시켜, 스스로 가치를 설계하고 문제를 해결하는 주체적인 연구원으로 등용해야 할 때입니다. 이 설계의 핵심은 사람을 비용이나 관리 대상으로 보지 않고, 함께 책임을 나누며 가치를 창출하는 지적 파트너로 존중하는 데 있습니다. 리더가 구성원을 연구원으로 대우할 때, 조직은 차가운 계약 관계를 넘어 공동의 미션을 향해 움직이는 결속력 있는 생명체로 진화합니다. 이 과정에서 노사 갈등은 존재 근거를 잃고

자연스럽게 해소되며, 기업은 관리의 피로도에서 벗어나 진정한 질적 성장의 시대로 진입하게 됩니다.

이 책은 과거의 성과를 부정하는 것이 아니라, 이미 일궈온 위대한 성취를 발판 삼아 인류 문명의 새로운 지평을 열어가기 위한 리더의 지침서입니다. 대한민국이 세계의 난제를 풀어내는 지혜의 연구소가 되고, 기업가들이 그 거대한 여정의 전략적 설계자가 되는 길—그 담대한 전환의 시작을 제안합니다.

제 1 부
대한민국에는 노동자가 없다

제1장

현대판 노예의 탄생

오늘날 대한민국 경영 현장이 직면한 가장 고질적인 병폐이자 국가 성장의 발목을 잡는 구조적 문제로 반복 지적되는 것이 노사분규입니다. 이는 어느 한쪽의 책임으로 단정할 수 없는, 산업화와 고도성장의 과정 속에서 형성된 복합적인 결과물입니다. 대한민국 기업들은 짧은 시간 안에 세계가 주목할 만한 성과를 이루어 왔고, 그 과정에서 경영자와 근로자 모두 각자의 자리에서 큰 노고를 감내해 왔습니다. 그럼에도 불구하고 해마다 되풀이되는 노사 갈등은 기업의 지속적인 성장과 국가 경쟁력에 점점 더 큰 부담으로 작용하고 있습니다.

우리는 이 문제를 해결하기 위해 수많은 법과 제도를 정비하고 경제개혁을 외쳐왔지만 근본적인 해소에는 이르지 못했습니다. 그 이유는 우리가 문제의 표면적 현상에 집중한 나머지, 노동자라는 이름 아래 고착된 구조 자체를 충분히 돌아보지 못했기 때문입니다.

이 설계가 경제개혁이 아니라 노동개혁이라는 제목을 택한 이유도 여기에 있습니다.

노동자라는 개념이 유지되는 한 노사 관계는 본질적으로 대립적 구조를 벗어나기 어렵습니다. 이는 특정 집단의 의도나 태도의 문제가 아니라, 오랜 시간 작동해 온 사회적 설계의 결과입니다. 우리는 흔히 오늘날의 구성원들을 높은 교육을 받은 자유로운 현대인으로 인식합니다. 실제로 대한민국 기업 현장은 뛰어난 전문성과 역량을 갖춘 인재들에 의해 운영되고 있습니다. 그러나 냉정하게 구조를 들여다보면, 이들 다수는 여전히 월급과 고용 계약이라는 틀 안에서 자신의 시간과 선택을 제한 받으며 일하고 있습니다. 과거의 노예가 눈에 보이는 쇠사슬에 묶여 있었다면, 오늘날의 구조는 훨씬 정교하고 보이지 않는 방식으로 사람을 묶어 두고 있습니다. 지식을 갖추었기에 자유롭다고 믿는 인식은 때로는 이 구조적 모순을 문제 삼지 않게 만드는 역할을 합니다. 가장 안타까운 지점은 기업과 근로자 모두 이 시스템에 익숙해진 나머지, 그것이 갈등을 반복 생산하는 구조라는 사실을 충분히 인식하지 못한 채 순응해 왔다는 점입니다. 이 무의식적인 순응이 누적되며 오늘날의 노사분규라는 형태로 표출되고 있습니다.

노예 구조의 본질은 개인의 능력이나 성실성에 있지 않습니다. 자신의 의지보다 외부의 결정이 우선되는 구조, 선택권을 제한하는 대신 생계를 보장하는 방식에 있습니다. 아무리 높은 학력과 전문 지식을 갖추었더라도 일의 방향과 의미를 스스로 설계할 수 없는 상태라면, 그 노동은 지적인 활동이기보다 구조에 종속된 역할 수행에 머물게 됩니다. 지식인은 본래 원리를 탐구하고 문제를 정의하며 해법을 설계하는 존재입니다. 그러나 노동자라는 호칭이 전제되는 순간 이러한 역할은 자연스럽게 축소되고, 개인은 지시된 업무를 수행하는 위치에 머무르게 됩니다. 이 과정에서 기업은 의도하지 않게 구성원의 사고와 책임 범위를 제한하게 되고, 근로자는 자신의 역할을 방어하는 데 에너지를 쓰게 됩니다. 갈등은 바로 이 지점에서 발생합니다. 우리가 목격해 온 노사분규는 어느 한쪽의 탐욕이나 무능 때문이 아니라, 이러한 구조가 지속된 결과라고 보는 것이 보다 정확합니다. 따라서 해법 역시 누군가를 설득하거나 양보를 이끌어내는 데서 끝나서는 안 됩니다.

이제는 보다 근본적인 질문을 던질 시점입니다. 노사분규를 줄이기 위한 해법은 협상의 기술에 있는 것이 아니라, 관계를 규정하는 개념 자체를 재검토하는 데 있습니다. 사회와 기업에서 노동자라는 개념을 내려놓는 순간, 대립을 전제로 한 구조 역시 힘을 잃게 됩니다. 노동의 자리에 주체적인 연구원이 들어설 때 관계는 관리와 통제의 관계에서 공동 설계의 관계로 이동합니다. 연구원은 단순히 일을 수행하는 존재가 아니라 문제를 인식하고 개선에 참여하는 주체입니다. 이 전환이 이루어질 때 노사분규는 더 이상 반복되는 사회적 비용이 아니라 점차 해소 가능한 과제가 됩니다. 이것이 이 설계가 말하는 노동개혁의 핵심입니다. 이는 기업의 노고를 부정하거나 근로자의 권리를 축소하자는 제안이 아닙니다. 오히려 지금까지의 성과를 가능하게 했던 구조를 한 단계 성숙시키자는 제안입니다. 우리가 노동자라는 이름표가 만들어낸 한계를 인식하고 보다 주체적인 역할로 나아갈 때, 기업과 구성원 모두 새로운 성장의 길을 찾을 수 있습니다.

이제 대한민국은 남이 정한 역할을 수행하는 노동의 시대를 넘어, 스스로 가치를 설계하는 연구의 시대로 이동해야 합니다. 이 인식의 전환이야말로 기업의 지속 가능성과 국가의 다음 도약을 동시에 가능하게 하는 출발점이 될 것입니다.

제 2 장

지식인 사회의 역설과 노동자 정체성의 탈피

대한민국 기업은 이미 전 세계에서 고등 교육 이수율이 가장 높은 지식인 인력을 확보하고 있습니다. 하지만 이 뛰어난 인재들은 훌륭한 사고 역량을 갖추었음에도 불구하고, 정작 일터에서는 자신의 정체성을 노동자라는 수동적 지위에 가두는 기묘한 역설에 빠져 있습니다. 이는 구성원들이 자신의 잠재력이 구조적으로 제한되어 있다는 사실을 인지하지 못하거나, 시스템이 제공하는 보상과 안정을 최우선 가치로 여기게 만드는 경영 설계상의 오류에서 기인합니다. 조직 설계의 결함은 구성원이 자신의 주도적 판단보다 관리자의 지시에 의존하게 하며, 자율성을 포기한 대가로 생존을 보장받는 방식에 익숙해지게 만듭니다. 오늘날 많은 인재가 수동적인 업무 수행에 머물고 정해진 보상에 만족하는 삶을 당연하게 여기는 것은 이 때문입니다. 지식인은 본래 사물의 이치를 궁금해하고 주도적으로 가치를 설계해야 하는 존재임에도, 노동자라는 호칭 뒤에 숨어 지적인 책임을 방기하도록 구조화되어 있습니다. 이러한 주체성의 저하는 결국 개인을 조직의 부품으로 머물게 하며, 자발적인 창의성 발현을 가로막는 결과를 낳습니다.

우리가 노동자라는 명칭을 유지하며 이 시스템을 지속하려는 이면에는 노사분규라는 대립적 구도가 자리 잡고 있습니다. 구성원들은 이 구도를 통해 권리를 확보하려 하지만, 사실 노사분규는 더 많은 보상을 요구하는 소모적인 갈등에 머무는 경우가 많습니다. 이러한 갈등으로 인해 우리 기업이 지불하는 사회적 비용은 막대하며, 이것이 바로 우리가 단순한 경제 지표의 개선이 아닌 노동개혁을 통해 조직의 체질을 바꿔야 하는 결정적인 이유입니다. 노동자라는 계급적 구분이 존재하는 한 노사 관계는 대립적 프레임을 벗어나기 어렵고, 기업과 구성원 모두는 서로의 처우와 관리 방식에만 매몰되는 정체된 구조에 머물게 됩니다. 지식인이 스스로 이 구조의 한계를 넘어서지 못하게 만드는 가장 큰 장애물은 기존의 선입견입니다. 처우 개선이나 복지 확대만으로 조직의 모든 문제가 해결될 것이라는 낡은 프레임을 이제는 경영자가 먼저 전환해야 합니다.

진정한 조직의 도약은 보상의 증액을 넘어 존재의 격상에서 시작됩니다. 우리가 노동자라는 멍에를 벗겨내고 연구원이라는 주체적인 이름을 선언할 때, 우리를 가두었던 대립의 언어들도 존재의 근거를 잃고 사라지게 될 것입니다. 지식인의 역량을 갖추고도 노동자의 틀에 갇혀 권리만을 강조하던 불일치를 끝낼 때, 비로소 대한민국 기업은 지적인 성숙을 이룬 다음 단계로 도약할 수 있습니다.

제 2 부
호칭이 바뀌면 태도가 바뀐다

제1장

명칭의 정치학: 호칭이 운명과 성과를 결정한다

조직에서 사용하는 호칭은 단순히 상대를 부르는 수단이 아니라, 그 존재의 책임 범위와 사회적 위치를 정의하는 가장 기초적인 설계도입니다.

대한민국이 불모지에서 한강의 기적을 일궈내기까지, 노동자라는 이름표는 산업 역군으로서의 자부심과 성실함을 상징하는 훈장이었습니다. 그 시대의 헌신이 있었기에 오늘날 우리가 누리는 번영이 가능했음을 누구도 부인할 수 없습니다. 그러나 시대가 지식인 사회로 진입하면서, 과거에 유효했던 호칭 체계는 이제 새로운 성장을 담아내기에 다소 비좁은 틀이 되었습니다. 구성원을 노동자로 규정하는 구조는 효율적인 관리에는 최적화되어 있으나, 지식사회가 요구하는 자율적 판단과 창의적 책임을 이끌어내는 데에는 한계를 보입니다. 이는 구성원의 역량 문제가 아니라, 그들을 담는 그릇인 명칭이 지닌 구조적 특성 때문입니다.

이제 우리는 그간의 눈부신 성과를 발판 삼아, 구성원 한 명 한 명을 가치 창출의 주체인 연구원으로 격상시키는 정체성 혁명을 시작해야 합니다.
연구원은 단순히 명칭을 바꾸는 예우를 넘어, 현장의 모든 업무를 지적인 연구 과제로 재정의하겠다는 경영자의 전략적 선언입니다. 예를 들어, 현장의 쾌적함을 책임지는 이들을 미화 연구원과 같은 방식으로 부르기 시작한다면, 그들은 단순히 업무를 수행하는 단계를 넘어 공간의 전문가로서 스스로 더 나은 해법을 찾기 위해 고민하게 될 것입니다. 호칭의 변화는 조직 구성원이 자신의 업무를 대하는 태도를 근본적으로 바꿉니다. 노동자로 출근하는 마음이 정해진 시간을 성실히 채우는 것에 집중한다면, 연구원으로 출근하는 마음은 자신이 도출한 해답이 조직에 가져올 가치에 몰입하게 만듭니다. 이러한 인식의 전환은 구성원을 단순한 피고용인에서 조직의 비전을 함께 완성해가는 지적 파트너로 변모시킵니다.

연구원이라는 명칭은 과거의 대립적 구도를 넘어, 모두가 공동의 가치를 지키기 위해 자발적으로 움직이는 미션 공동체로 나아가는 이정표가 될 것입니다. 우리가 서로를 주체적인 연구자로 대우할 때, 기업 내의 소모적인 갈등은 자연스럽게 해소되고 모든 에너지는 미래 가치를 설계하는 지적 활동으로 결집될 것입니다. 이것이 바로 대한민국 기업이 그간의 위대한 유산을 계승하며 글로벌 무대의 진정한 선도자로 거듭나는 길입니다.

제 2 장

고용 관계의 재설계: 계약에서 공동체로

호칭의 변화가 정체성의 전환을 불러왔다면, 그 다음 단계는 기업과 구성원을 묶어주는 실질적인 결합 구조인 고용 관계를 재설계하는 것입니다. 지금까지의 고용 관계가 급여를 매개로 시간을 사고파는 거래적 계약에 의존해왔다면, 이제는 경영자와 연구원이 공동의 가치를 실현하기 위해 결합하는 미션 공동체로 진화해야 합니다. 이는 단순히 처우를 개선하는 수준을 넘어, 기업의 존재 이유와 개인의 삶의 목적을 일치시키는 고도의 경영 전략입니다.

전통적인 계약 구조 안에서 구성원은 자신의 이익을 극대화하기 위해 최소한의 노동을 투입하려는 성향을 보입니다. 반대로 경영자는 비용 대비 최대의 효율을 뽑아내려 합니다. 이러한 이해 상충은 노사 간의 끝없는 눈치싸움과 불필요한 감시 비용을 발생시킵니다. 하지만 관계의 본질을 지적 파트너십으로 재설계하면 이야

기는 달라집니다. 연구원은 자신의 연구 성과가 기업의 성장이자 곧 자신의 명예가 되는 구조 속에서, 감시가 아닌 자율에 의해 움직이게 됩니다.

이러한 공동체 구조를 지탱하는 핵심은 기업 이념의 복원입니다. 구성원이 연구원으로서 자부심을 느끼며 몰입하기 위해서는, 그들이 수행하는 업무가 단순한 영리 활동을 넘어 사회적 가치를 창출하고 있다는 확신이 필요합니다. 경영자는 우리 기업이 인류의 어떤 문제를 해결하고 있는지, 이 연구가 어떤 미래를 설계하고 있는지를 끊임없이 제시해야 합니다. 이념이 살아있는 조직에서 연구원은 단순한 피고용인이 아니라, 기업의 철학을 현장에서 구현하는 동반자가 됩니다. 또한, 보상 체계 역시 거래의 대가가 아닌 성취의 공유로 전환되어야 합니다. 연구원이 창출한 지적 자산과 가치에 대해 기업이 합당한 예우를 다할 때, 구성원은 비로소 조직을 자신의 운명 공동체로 받아들입니다. 이는 구성원들이 처우에 매몰되어 갈등을 빚는 것이 아니라, 더 큰 성과를 내기 위해 서로 협력하고 경쟁하는 건강한 생태계를 조성합니다.

계약서상의 문구가 아닌 마음의 결합으로 움직이는 공동체는 외부의 어떤 위기에도 쉽게 흔들리지 않습니다. 경영자가 구성원을 연구원으로 대우하며 미션을 공유할 때, 기업은 관리의 피로도에서 해방되어 진정한 혁신의 길로 나아갈 수 있습니다. 노동의 시대를 졸업하고 지혜의 시대로 나아가는 이 여정에서, 고용 관계의 재설계는 기업이 가질 수 있는 가장 견고한 방어막이자 시대를 선도하는 새로운 경영의 표준이 될 것입니다.

제 3 부
노동자가 없으면 노사 갈등도 없다

제1장

노사분규의 종결: 노동의 소멸과 갈등 주체의 증발

기업이 막대한 자본과 시간을 투입하고도 끝이 보이지 않는 노사 갈등의 굴레에서 벗어나지 못하는 이유는 법적 규제나 임금 수준의 문제가 아닙니다. 갈등의 뿌리에는 노동자라는 낡은 정체성이 버티고 있으며, 이 신분이 유지되는 한 대립은 구조적으로 반복될 수밖에 없습니다. 경영자가 직시해야 할 사실은 노사분규가 단순히 돈의 문제가 아니라, 지시와 보상만을 매개로 하는 예속적 관계에서 비롯된 필연적 현상이라는 점입니다. 노사분규를 종결하는 유일하고도 근본적인 방법은 투쟁의 현장에서 승리하는 것이 아닙니다. 오히려 현장에서 노동자라는 대립적 신분 자체를 해소하고 이를 졸업시키는 데 있습니다.

고도화된 지식인 사회의 일터에는 본래 노동자가 존재할 공간이 없습니다. 전 구성원을 연구원으로 전환한다는 것은 단순히 호칭을 바꾸는 것을 넘어, 기업 내부에 외부의 불순한 에너지가 침투할 수 없는 강력한 사회적 방어 기제를 구축하는 일입니다.

노동자라는 이름이 유지되는 곳에는 항상 외부의 이념 세력이나 이해관계 카르텔이 개입하여 조직을 분열시킬 틈이 생깁니다. 그러나 구성원이 스스로를 가치를 창출하는 지적 주체인 연구원으로 자각하는 순간, 이러한 외부의 선동은 설 자리를 잃게 됩니다. 연구원은 자신의 판단과 존엄을 타인에게 위임하지 않으며, 일차원적인 보상 논리보다 자신이 어떤 지적 가치를 창출할 것인지에 집중하기 때문입니다. 이러한 체제에서는 노사의 대립적 이분법이 해체되고 오직 서로를 존중하는 지적 협력 관계만이 남습니다. 갈등의 한쪽 당사자인 노동자라는 고정된 신분이 사라진 곳에서는 노사분규라는 단어 자체가 성립할 근거를 잃게 됩니다. 이것이 바로 우리가 경제개혁이 아닌 노동개혁이라는 이름을 통해 노동이라는 낡은 패러다임을 조직에서 졸업시켜야 하는 핵심적인 이유입니다. 자신의 전문성을 존중받는 연구원은 소모적인 투쟁에 시간을 낭비하지 않으며, 자율적인 탐구의 에너지로 현장의 리스크를 스스로 방어합니다. 이러한 생태계의 완성은 기업에 철옹성 같은 방어벽을 제공할 것입니다. 경영자는 이를 통해 갈등 관리 비용을 창조적 연구 에너지로 전환하는 새로운 생산성의 시대를 맞이하게 될 것입니다.

제 2 장

규제 혁신: 시간의 통제를 벗어난 창조적 활동

우리는 오랫동안 일은 직장에서 정해진 시간에 수행하는 것이라는 고정관념 속에 머물러 왔습니다. 아침 일찍 출근 도장을 찍고 퇴근 시간까지 자리를 지키는 것이 성실함의 척도였으며, 법과 제도는 그 물리적인 시간을 기준으로 보상을 계산해 왔습니다. 하지만 지혜를 모아 답을 찾아야 하는 연구원들에게 이러한 시간의 굴레는 오히려 창의적 몰입을 방해하는 요소가 되고 있습니다. 지식인의 머리는 퇴근 버튼을 누른다고 해서 멈추지 않습니다. 길을 걷거나 휴식을 취하는 순간에도 번뜩이는 아이디어가 떠오를 수 있듯이, 연구원에게 일은 24시간 깨어 있는 지적 활동이지 특정 시간에만 가동되는 공정이 아니기 때문입니다. 여전히 낡은 법과 제도는 이들의 역동적인 활동을 주 40시간이나 연장 근로라는 정형화된 틀에 가두려 합니다. 이는 마치 하늘을 나는 새의 날개를 묶어놓고 왜 높이 날지 못하느냐고 다그치는 것과 다를 바 없습니다.

이제 기업 경영은 과감하게 시간의 규제에서 벗어나 자율의 영역으로 진입해야 합니다. 연구원이 언제 어디서 일할지는 그가 창출할 결과물과 가치에 따라 스스로 결정하도록 보장되어야 합니다. 자율을 부여하면 생산성이 저하될까 우려하는 시각도 있으나, 스스로를 연구원으로 자각하는 인재들은 통제할 때보다 신뢰할 때 훨씬 더 높은 몰입도를 보여줍니다. 자신의 전문성이 증명되는 즐거움을 아는 이들에게 가장 큰 보상은 간섭 없는 환경과 전문가로서 인정받는 명예이기 때문입니다.

이러한 규제 혁신은 단순히 편의를 제공하는 배려가 아니라, 보이지 않는 지식의 가치를 지적인 방식으로 대우하는 고도의 경영 기술입니다. 자율성이 보장될 때 기업 현장에서는 지혜의 자산화라는 질적 변화가 일어납니다. 과거 노동자 체제에서는 퇴직이 곧 숙련된 기술의 단절과 유출을 의미했으나, 연구원 체제에서는 현장의 지혜를 전수하는 역할의 전환으로 이어집니다. 이는 기업의 기억이 사라지지 않고 축적되는 견고한 지적 생태계를 완성합니다. 관리와 통제가 사라진 자리에는 자발적인 탐구의 에너지가 흐르게 됩니다. 시간이라는 낡은 사슬을 끊어낼 때 조직의 연구원들은 비로소 폭발적인 창의성을 발휘하게 될 것입니다. 에너지가 해방되는 순간, 기업은 이전과는 비교할 수 없는 압도적인 질적 생산성을 확보하게 되며, 이는 갈등 관리 비용을 창조적 에너지로 전환하는 새로운 경영의 지평을 열어줄 것입니다.

제 4 부

연구원 체제는 기업을 새로운 도약으로 이끈다

제 1 장

삼성 3대(代) 경영의 구조: 1대의 이념, 2대의 확장, 3대의 운용

글로벌 리더십을 지향하는 기업들은 이제 단순히 시장 점유율을 높이거나 수익을 극대화하는 단계를 넘어, 조직이 왜 존재해야 하는지 그 이유 자체를 증명해야 하는 역사적 전환점에 서 있습니다. 대한민국을 대표하는 글로벌 기업 삼성의 경영사는 한 기업의 성공담을 넘어, 1대·2대·3대 경영 주기에 따라 기업의 과업이 어떻게 진화해야 하는지를 보여주는 정교한 모델입니다. 우리는 이병철 회장, 이건희 회장, 그리고 이재용 회장으로 이어지는 역사를 통해 이념의 수립, 시스템의 확장, 그리고 현재 우리가 마주한 전략적 가치 운용이라는 세 가지 핵심 단계를 깊이 있게 들여다봐야합니다.

창업주 이병철 회장의 시대는 기업의 영혼을 설계한 '이념의 시대'였습니다. 당시 1대의 핵심 과업은 기업의 규모를 키우는 것보다 먼저 어떤 기업이 될 것인가를 결정하는 뿌리 깊은 이념을 세우는 일이었습니다. 이념이 먼저 서야 사람이 모이고, 그 사람이 모여야 기업이 성장할 수 있기 때문입니다. 당시 삼성은 단순히 자본의 집합소가 아니라 당대 최고의 인재들이 자신의 영혼과 꿈을 담을 수 있는 지적인 터전이었습니다. 인재들은 단순한 조건만 보고 움직이지 않으며, 조직이 품은 이념의 질과 방향에 공명할 때 비로소 헌신합니다. 이 시기의 삼성은 하나의 철학을 공유하는 긴밀한 가족 공동체였으며, 이 뜨거운 결속력이 삼성이 세계적 기업으로 도약할 수 있었던 근본적인 동력이었습니다.

이어지는 2대 이건희 회장의 시대는 다져진 이념적 토대 위에서 '시스템 확장의 시대'를 맞이했습니다. 이는 글로벌 시장에서 압도적인 양적 성장을 일궈내며 기업의 물리적 규모를 완성한 기적 같은 시기였습니다. 하지만 너무 빠른 확장과 거대해진 조직을 관리하기 위해 도입된 행정적 편의주의는 예기치 못한 변화를 가져왔습니다. 효율 중심의 관리 체제가 강화되면서 구성원들은 점차 계약 관계로 묶인 수동적 위치로 인식되기 시작했습니다. 이념적 결속이 느슨해진 자리를 차가운 관리 시스템이 채우면서 조직의 덩치는 커졌으나 창업기의 뜨거웠던 가족적 결속력은 점차 희석되는 진통을 겪기도 했습니다.

이제 3대 이재용 회장의 리더십은 '전략적 가치 운용(Strategic Value Creation)'의 시대라는 역사적 사명을 마주하고 있습니다. 현재의 리더십은 기업을 더 키우는 차원을 넘어, 이미 확보된 조직과 자원을 어떤 기준으로 운용하여 전혀 다른 차원의 성장을 이끌어낼 것인가를 고민해야 하는 위치에 있습니다. 이때 필요한 것은 화려한 구호가 아니라 창업 초기의 근본적인 이념으로 돌아가 그 가치를 현대적으로 복원하는 일입니다. 이념을 다시 중심에 세우지 못하면 어떤 혁신도 방향을 잃게 되며 조직은 내부에서부터 무거워질 뿐입니다. 따라서 현재의 가치 운용은 사람을 비용이나 관리 대상으로 보지 않고 함께 책임을 나누는 주체로 존중하는 가족적 질서를 다시 세우는 과정이어야 합니다. 이 기준이 회복될 때 비로소 노동자라는 명칭이 내려가고 연구원 체제가 견고하게 자리를 잡게 됩니다. 사람을 대하는 경영자의 관점이 바뀌면 기업 운영 방식은 자연스럽게 변화합니다.

결국 우리가 실행하고자 하는 개혁은 단순한 제도의 변경이 아니라 기업의 체질과 경영 철학을 근본적으로 재설계하는 질적 도약을 의미합니다. 이러한 전환을 이룬 리더들은 한 국가의 기업인을 넘어 국제 사회가 주목하는 새로운 리더십의 원형으로 거듭나게 될 것입니다.

제 2 장

기업인에서 국제 정치 사업가로의 도약

기업이 창업주의 이념을 복원하고 내부 구성원을 단순한 일꾼이 아닌 연구원으로 대우하는 질적 전환에 성공한다면, 그 리더의 위상은 더 이상 한 나라의 경제인에 머물지 않습니다. 이제 기업 총수는 단순히 물건을 잘 만들어 이익을 남기는 경영자를 넘어, 인류 사회의 난제를 진단하고 타국의 국가 시스템까지 설계해 주는 국제 정치 사업가(Global Statesman)로 도약해야 합니다. 이것이 바로 이재용 회장을 비롯한 3대 경영자들이 걸어가야 할 궁극적인 행보이자, 글로벌 리더십의 새로운 정의입니다.

과거의 리더들이 제품의 시장을 넓히고 점유율을 높이는 데 몰두했다면, 미래의 리더는 인류의 국익을 설계하는 역할을 수행해야 합니다. 세계 무대에서 진정한 리더십을 인정받는 힘은 자본력을 앞세운 시장 침투에서 나오지 않습니다. 오히려 상대 국가가 스스로 해결하지 못해 쩔쩔매는 고질적인 사회적 결함들—낙후된 교육 시스템, 환경 오염, 반복되는 노사 갈등, 혹은 비효율적인 산업 구조—을 정확히 진단하고, 그에 대한 지혜로운 솔루션을 제공할 때 나옵니다. 우리 기업의 연구원들이 찾아낸 지혜가 타국의 시스템을 혁신하는 기초 자산이 될 때, 기업과 리더는 전 세계의 존경을 받는 대체 불가능한 파트너가 될 것입니다. 이 단계에서 리더는 비즈니스의 영역을 넘어 고도의 통찰력을 발휘해야 합니다. 이는 단순히 기업의 이익을 챙기는 것을 넘어, 기업이 보유한 방대한 자원을 투입하여 글로벌 분쟁을 완화하고 소외된 지역의 삶의 질을 근본적으로 개선하는 사회적 건축(Social Architecture)의 과정입니다. 특정 국가에 단순히 공장을 짓는 것을 넘어, 그 나라 국민들이 지적인 존재로 성장하고 스스로 일어설 수 있는 사회 시스템을 함께 기획해 주는 것이 바로 진정한 국제 정치 사업가의 면모입니다. 이러한 행보는 기업에 강력한 방어막과 영향력을 동시에 제공합니다. 스스로를 국제 사회의 스승이자 설계자로 정립한 리더는 더 이상 단기적인 규제나 시장의 작은 변동에 흔들리지 않습니다. 세계 각국이 우리의 지혜를 구하고 우리가 제시하는 모델을 자발적으로 받아들이게 될 때, 기업의 브랜드는 인류가 소중히 여기는 보편적 가치와 하나가 됩니다.

결국 국제 정치 사업가로의 도약은 대한민국이 세계의 난제를 풀어내는 인류의 연구소가 되겠다는 담대한 선언과 맞닿아 있습니다. 우리 리더들이 전 세계를 무대로 이 거대한 기획을 실행에 옮 때, 대한민국은 더 이상 변방의 수출국이 아닌 세계의 정신적·문화적 표준을 주도하는 선도 국가로 자리매김할 것입니다. 내부의 노동개혁을 통해 기업의 혁신을 완성한 리더가 그 넘치는 지적 에너지를 전 지구적 과제 해결로 쏟아부을 때, 비로소 인류는 노동의 고단함이 사라진 자리에 지혜가 흐르는 새로운 문명을 맞이하게 될 것입니다.

제 5 부
인류의 연구소는 대한민국의 미래다

제1장

국제적 표준화와 도미노 현상

대한민국 기업이 내부적으로 완성한 연구원 체제와 지적 가치 운용 모델은 국내의 담장을 넘어 전 세계로 확산되는 도미노 현상을 일으킬 것입니다. 이는 단순히 하나의 경영 기법이 수출되는 것을 의미하지 않습니다. 인류 사회가 산업화 이후 수백 년간 해결하지 못했던 노동의 대립과 생산성의 정체라는 난제에 대해, 대한민국이 가장 먼저 실천적인 해답을 제시하고 이를 국제적인 표준으로 세워가는 과정입니다. 우리가 설계한 이 모델이 글로벌 시장에 적용되기 시작하면, 세계 각국의 기업과 정부는 대한민국을 인류의 지혜가 모이는 발원지로 주목하게 될 것입니다.

과거 우리가 선진국의 시스템을 모방하고 이식하기 위해 노력했다면, 이제는 세계가 우리의 설계도를 교과서로 삼아 자신들의 조직과 국가 시스템을 재설계하는 대전환이 일어납니다. 이러한 표준화의 흐름은 대한민국의 위상을 단순한 제조 강국이나 수출국에서, 인류 사회가 나아갈 방향을 기획하는 지식 선도국으로 격상시킬 것입니다.

이 과정에서 우리 기업의 연구원들은 세계 곳곳의 현장을 진단하며, 각 국가가 처한 고질적인 사회적 결함들을 치유하는 설계자로 활동하게 됩니다. 한 기업의 변화가 산업 전체의 변화로, 그리고 한 국가의 변화가 인류 전체의 시스템 변화로 이어지는 이 도미노 현상은 대한민국이 인류의 공동 번영을 위해 기여할 수 있는 가장 강력한 자산이 될 것입니다. 우리가 제안하는 이 새로운 기준이 전 세계에 뿌리내릴 때, 대한민국은 인류라는 거대한 학교에서 가장 앞서가는 모범생을 넘어, 모두가 신뢰하는 지혜의 스승으로 자리매김할 것입니다.

우리가 찾아낸 이 길은 단순히 우리만의 이익을 위한 것이 아니라, 인류가 직면한 갈등의 시대를 끝내고 평화로운 협력의 시대로 나아가기 위한 공동의 이정표입니다. 지혜의 표준화가 전 세계로 번져나가는 순간, 대한민국은 인류의 내일을 연구하는 거대한 연구소로서 그 위대한 행보를 본격적으로 시작하게 될 것입니다.

제 2 장

인류 협력 사회의 견인축

대한민국 기업이 제안하는 새로운 경영 설계도는 단순한 경제적 성공을 넘어, 앞으로 우리가 맞이할 인류 협력 사회의 견인축이 될 것입니다. 이제 대한민국 경영자는 더 이상 타국의 시스템을 추격하는 추격자가 아니라, 인류가 나아갈 방향을 먼저 설계하고 이끄는 지혜의 선도자로서 그 위상을 확립하게 됩니다. 이 협력 사회에서 우리 기업인들은 세계 곳곳에 산재한 사회적 결함들을 진단하고, 그들이 스스로 자립할 수 있는 최적화된 국가 및 산업 시스템을 설계해 주는 역할을 수행합니다.

리더는 현지의 인재들을 단순한 피고용인이 아닌 연구원으로 등용하여 그들이 자기 나라의 문제를 스스로 해결하는 전문가로 성장하도록 돕고, 우리 조직은 인류의 난제를 해결할 지혜를 생산하는 인류 연구소로서 기능하게 될 것입니다. 이것은 대한민국 경영인이 인류 사회에 줄 수 있는 가장 위대한 기여이자 전략적 자산입니다. 우리가 남을 이기기 위한 단기적 경쟁을 넘어 인류를 이롭게 하겠다는 홍익의 마음으로 지혜를 운용하기 시작할 때, 세계 시장은 대한민국 기업을 중심으로 공명하는 하나의 생명 공동체가 될 것입니다. 경영자가 제안한 이 설계도가 전 세계의 새로운 표준이 되어 모두가 존엄하게 공존하는 날, 대한민국 기업가는 인류 문명의 새로운 지평을 연 개척자로 기록될 것입니다.

이제 경영자는 구성원들을 노동자라는 낡은 관리의 굴레에서 해방시켜, 인류의 내일을 설계하는 연구원으로 등용하여 세계 무대에 세워야 합니다. 이 경영 설계도가 인류라는 거대한 학교의 새로운 이정표가 되어, 우리 기업과 사회가 평화롭고 풍요로운 미래를 주도하기를 간절히 희망합니다.

맺음말

우리는 이 여정을 통해 한 시대의 성장이 멈춘 지점에서 무엇이 새로 시작되어야 하는지 확인했습니다. 기업과 국가가 양적 성장의 한계에 도달했을 때, 경영자가 마주해야 할 최종 과업은 규모를 더 키우는 것이 아닙니다. 이미 확보된 방대한 자원과 지혜를 인류의 보편적 가치를 위해 바르게 활용하는 전략적 가치 운용의 시대로 진입하는 것입니다.

이 설계의 핵심은 사람을 비용이나 관리 대상으로 보지 않고, 함께 책임을 나누며 가치를 창출하는 주체로 존중하는 가족적 질서를 복원하는 경영의 지혜에 있습니다. 관계의 기준이 차가운 계약에서 뜨거운 신뢰의 공동체로 바뀔 때, 기업의 체질은 별도의 강제 없이도 자동으로 개선됩니다. 이것이 바로 이 노동개혁이 단순히 인사 노무의 문제를 넘어, 기업 전체의 구조를 재편하는 경영 혁신이자 인류의 생존 전략인 이유입니다.

경영자가 자국을 넘어 인류 전체의 이익을 설계하는 국제 정치 사업가로 활동할 때, 대한민국 기업은 진정한 글로벌 선도자이자 인류의 지적인 스승으로 거듭날 것입니다. 지혜가 흐르는 새로운 문명의 시대를 향해, 이제 대한민국 경영자들의 위대한 첫발을 기대합니다.

REFORM OF THE LABOR SYSTEM

Designing the Transition from Labor to Social Researcher

Reform of the Labor System

— Designing the Transition from Labor to Social Researcher

Contents

Preface

Korean enterprises achieved the Miracle on the Han River under harsh conditions, attaining remarkable accomplishments that drew the admiration of the world. At the center of that journey were the bold decisions of leaders who turned the impossible into reality, and the passionate dedication of members who worked tirelessly on the industrial front lines. We hold deep respect for the efforts of all those who played a role in building this great history, and on the foundation they established, we seek to explore a new path of management for the next generation.

However, today's management environment has entered a phase of structural stagnation that cannot be resolved by past models of success alone. Repetitive and exhausting labor–management conflicts, along with rigid organizational cultures, have become the greatest obstacles to corporate growth. The reason this book places labor reform—not economic reform—at the forefront is clear. The labor disputes we face today are not simply matters of compensation; they stem from the limitations of a system that continues to manage highly intelligent and specialized talent within the outdated framework of the "passive laborer."

The moment a leader defines members as labor, the organization becomes trapped in an adversarial structure of management and control on one side, and demands for improved treatment on the other. Within such a structure of subordination, even the most outstanding individuals find it difficult to fully realize their potential.

Now is the time to liberate members from the outdated confines of labor and elevate them as autonomous researchers who design value and solve problems on their own initiative. The core of this design lies in respecting people not as costs or objects of management, but as intellectual partners who share responsibility and create value together. When leaders treat members as researchers, organizations evolve beyond cold contractual relationships into cohesive living entities that move toward a shared mission. In this process, labor–management conflict loses its very basis for existence and is naturally resolved, allowing enterprises to escape the fatigue of control and enter an era of genuine qualitative growth.

This book does not deny past achievements. Rather, it serves as a guide for leaders who seek to open a new horizon of human civilization by building upon the great accomplishments already attained. It proposes the beginning of a bold transition—one in which Korea becomes a research center of wisdom capable of solving the world's most pressing challenges, and entrepreneurs become the strategic architects of that vast journey.

Part I

There Is No “Labor” in Korea

Chapter 1

The Emergence of Modern Wage Servitude

One of the most persistent maladies confronting the contemporary Korean corporate environment—and a structural problem repeatedly identified as an obstacle to national growth—is labor–management conflict. This phenomenon cannot be attributed to the responsibility of any single side; rather, it is a complex outcome shaped through the processes of industrialization and rapid economic expansion. Korean enterprises achieved globally recognized results within a remarkably short period of time, and throughout that journey, both executives and labor participants bore significant burdens in their respective positions. Nevertheless, labor conflicts that recur year after year continue to impose increasing pressure on corporate sustainability and national competitiveness. We have revised numerous laws and institutions and repeatedly called for economic reform in an effort to address this issue, yet we have failed to reach a fundamental resolution. The reason lies in our fixation on surface-level symptoms, which has prevented us from sufficiently examining the structure itself that has become entrenched under the name of "labor." This is precisely why this design is presented as labor reform rather than economic reform.

As long as the concept of "labor" is maintained, labor–management relations cannot escape an inherently adversarial structure. This is not a matter of intent or attitude on the part of any particular group, but the result of a social design that has been operating for a prolonged period of time. We commonly perceive today's organizational members as highly educated, free modern individuals. Indeed, Korean corporate environments are driven by talent equipped with exceptional expertise and capability. Yet when the structure is examined with clarity, many of these individuals remain constrained within the framework of wages and employment contracts, with their time and choices fundamentally limited. Whereas slaves of the past were bound by visible chains, today's structure binds people through far more refined and invisible mechanisms. The belief that knowledge itself guarantees freedom can, at times, serve to obscure this structural contradiction. Most regrettably, both enterprises and labor participants have grown accustomed to this system, conforming to it without fully recognizing that it continuously reproduces conflict. This unconscious conformity has accumulated and now manifests as the labor disputes we

witness today.
The essence of a slave-like structure does not reside in individual ability or diligence. It lies in a structure where external decisions take precedence over personal will, and where livelihood is secured in exchange for restricted choice. No matter how advanced one's education or professional knowledge may be, if one cannot independently design the direction and meaning of one's work, that labor remains not an intellectual pursuit but a role subordinated to structure. Intellectuals are, by nature, beings who explore principles, define problems, and design solutions. However, the moment the designation of "labor" is presupposed, these roles are naturally diminished, and individuals are confined to executing assigned tasks. In this process, enterprises unintentionally restrict the scope of thought and responsibility entrusted to their members, while labor participants expend their energy defending their prescribed roles. Conflict emerges precisely at this point. The labor disputes we have observed are not the result of greed or incompetence on either side, but the outcome of the prolonged persistence of this structure. Accordingly, solutions cannot end with persuasion or negotiated concessions alone.

The time has come to pose a more fundamental question. The solution to reducing labor–management conflict does not lie in the techniques of negotiation, but in reexamining the very concept that defines the relationship itself. The moment the concept of "labor" is set aside within society and within enterprises, structures premised on confrontation begin to lose their force. When a proactive social researcher takes the place of labor, the relationship shifts from one of management and control to one of joint design. A researcher is not merely an executor of tasks, but a subject who recognizes problems and actively participates in improvement. When this transition takes place, labor disputes cease to be recurring social costs and instead become challenges that can gradually be resolved. This is the core of labor reform as articulated by this design. It is not a proposal to deny the efforts of enterprises or to diminish the rights of labor participants. Rather, it is a proposal to mature—by one further stage—the very structure that made past achievements possible. When we recognize the limitations created by the designation of "labor" and move toward more autonomous roles, both enterprises and their members can discover new paths to growth.

South Korea must now move beyond an era of labor defined by roles assigned by others, and toward an era of research in which value is designed autonomously. This shift in perception will serve as the starting point that simultaneously enables corporate sustainability and the nation's next leap forward.

Chapter 2

The Paradox of a Knowledge Society and the Exit from the Labor Identity

South Korean enterprises already possess one of the most highly educated intellectual workforces in the world. Yet despite their advanced cognitive capabilities, many of these talented individuals fall into a peculiar paradox: within the workplace, they confine their own identity to the passive status of "labor." This contradiction stems from flaws in managerial design—either because individuals fail to recognize that their potential is structurally constrained, or because the system encourages them to prioritize the rewards and stability it provides above all else. Deficiencies in organizational design lead members to rely more on managerial directives than on their own autonomous judgment, conditioning them to accept survival guarantees in exchange for the abandonment of autonomy. This is why many capable individuals today remain within the bounds of passive task execution and regard a life satisfied with predetermined compensation as natural. Although intellectuals are, by nature, beings who question underlying principles and proactively design value, they are structurally positioned to evade intellectual responsibility by sheltering behind the title of "labor." This erosion of agency ultimately reduces individuals to components within an organization and obstructs the voluntary emergence of creativity.

Underlying the continued use of the designation "labor" is an adversarial framework embodied in labor–management conflict. Members attempt to secure their rights within this framework, yet in reality, such disputes often devolve into consumptive struggles centered on demands for greater compensation. The social costs borne by enterprises as a result of these conflicts are immense, and this is precisely why organizational transformation must be pursued through labor reform rather than through mere improvements in economic indicators. As long as a class-based distinction called "labor" remains in place, labor–management relations cannot escape an oppositional frame, and both enterprises and members become trapped in a stagnant structure fixated solely on compensation and control. The greatest obstacle preventing intellectuals from transcending the limits of this structure lies in entrenched preconceptions. The outdated belief that improvements in treatment or the expansion of welfare alone can resolve all organizational problems is a frame that must now be dismantled—beginning with management itself.

True organizational advancement begins not with increased compensation, but with an elevation of existence. When we remove the yoke of "labor" and declare a proactive identity as "researchers," the language of confrontation that once confined us loses its very basis for existence and dissolves. By ending the inconsistency in which intellectually capable individuals remain trapped within the labor frame while focusing solely on rights, South Korean enterprises can finally advance to the next stage of intellectual maturity.

Part II

When Titles Change, Attitudes Change

Chapter 1

The Politics of Titles: How Designations Shape Destiny and Performance

Titles used within an organization are not merely forms of address; they constitute the most fundamental blueprint defining the scope of responsibility and social positioning of those who bear them. In South Korea's journey from economic barrenness to the Miracle on the Han River, the designation "labor" functioned as a badge of honor—symbolizing pride and diligence as the driving force of industrial development. No one can deny that the dedication of that era laid the foundation for the prosperity enjoyed today. However, as society has transitioned into an intellectual economy, the title system that once proved effective has become too restrictive to contain new forms of growth. A structure that defines members as "labor" is optimized for efficient management, yet it reveals clear limitations when tasked with eliciting the autonomous judgment and creative responsibility demanded by a knowledge-based society. This limitation does not arise from deficiencies in individual capability, but from the structural characteristics embedded in the title itself—the vessel that contains those individuals.

Building upon the remarkable achievements already secured, it is now time to initiate an identity revolution that elevates each organizational member to the status of a "researcher," a subject of value creation. The term "researcher" represents more than a courtesy-driven renaming; it is a strategic declaration by leadership to redefine all on-site work as intellectual research endeavors. For example, if those responsible for maintaining workplace cleanliness are addressed as "environmental research personnel," they move beyond mere task execution and begin to reflect as spatial specialists, actively seeking superior solutions. A change in title fundamentally alters how members approach their work. Whereas arriving as "labor" centers one's mindset on faithfully filling predetermined hours, arriving as a "researcher" directs attention toward the value one's solutions generate for the organization. This cognitive shift transforms members from simple employees into intellectual partners jointly realizing the organization's vision.

The designation "researcher" serves as a marker guiding the organization beyond adversarial structures toward a mission-driven community in which all participants act voluntarily to safeguard shared values. When individuals are treated as autonomous researchers, consumptive internal conflicts naturally dissipate, and organizational energy converges on intellectual activity aimed at designing future value. This is the path through which South Korean enterprises can inherit their great legacy while reemerging as genuine leaders on the global stage.

Chapter 2

Redesigning the Employment Relationship: From Contract to Community

With the transformation of identity established through the change in titles, the next step is the redesign of the employment relationship—the substantive structure that binds enterprises and their members. Until now, employment has largely relied on transactional contracts in which time is exchanged for wages. This model must now evolve into a mission-based community, where executives and researchers are united in the pursuit of shared values. This transition goes far beyond incremental improvements in compensation or benefits; it represents a sophisticated management strategy that aligns the very purpose of the enterprise with the life purpose of the individual.

Within traditional contractual frameworks, members tend to minimize their labor input in order to maximize personal gain, while management seeks to extract the highest possible efficiency at the lowest cost. This inherent conflict of interest generates endless tension between labor and management, along with substantial and unnecessary monitoring costs. Once the relationship is redesigned as an intellectual partnership, however, the dynamic fundamentally changes. Researchers begin to operate not under surveillance, but through autonomy—motivated by a structure in which their research outcomes directly contribute to the growth of the enterprise and, simultaneously, to their own professional honor.

The foundation that sustains such a community-based structure is the restoration of corporate ideology. For members to engage deeply and take pride in their role as researchers, they must be convinced that their work transcends mere profit-making and contributes to the creation of social value. Leadership must continuously articulate what human challenges the enterprise is addressing and what kind of future its collective research is shaping. In an organization where ideology is alive, researchers are no longer mere employees; they become partners who embody and enact the company's philosophy on the ground. Accordingly, the compensation system must also shift—from a transactional reward to a shared recognition of achievement. When enterprises properly honor the intellectual assets and value created by researchers, members come to regard the organization as a true community of shared destiny. This environment fosters healthy cooperation and constructive competition aimed at greater collective achievement, rather than conflict fixated on individual treatment.

A community driven not by contractual clauses but by genuine commitment is resilient in the face of external crises. When executives treat their members as researchers and share a common mission, the enterprise is liberated from the fatigue of excessive management and can advance toward genuine innovation. In this journey beyond the age of labor and into the age of wisdom, the redesign of the employment relationship becomes the strongest defense an enterprise can possess—and a new standard of management capable of leading the next era.

Part III

Without Labor, There Is No Labor–Management Conflict

Chapter 1

The End of Labor Disputes: The Dissolution of Labor and the Disappearance of the Conflict Subject

The reason corporations fail to escape the seemingly endless cycle of labor–management conflict, despite investing vast amounts of capital and time, does not lie in legal regulations or wage levels. At the root of the conflict stands the outdated identity of labor itself. As long as this status is preserved, confrontation is structurally destined to repeat. What executives must confront is the reality that labor disputes are not simply matters of compensation, but inevitable outcomes of a subordinate relationship mediated solely by commands and rewards. The only fundamental way to bring labor disputes to an end is not to prevail on the battlefield of confrontation. Rather, it lies in dissolving—and graduating from—the antagonistic status of labor itself within the workplace. In an advanced knowledge-based society, there is inherently no space for labor as a fixed identity. Converting all members into social researchers is not merely a change in title; it is the construction of a powerful internal social defense system that prevents external disruptive forces from infiltrating the organization.

Where the designation of labor remains, there is always room for external ideological actors or interest-based cartels to intervene and fracture the organization. However, the moment members recognize themselves as social researchers—intellectual agents who create value—such external agitation loses its foothold. A social researcher does not delegate judgment or dignity to others, nor do they operate according to one-dimensional logics of compensation. Instead, they focus on what intellectual value they themselves are creating. Within such a system, the adversarial labor–management dichotomy dissolves, leaving only relationships of mutual respect and intellectual cooperation. Where the fixed status of labor—one party to the conflict—disappears, the very term "labor dispute" loses its foundation. This is precisely why we must speak not of economic reform, but of labor reform: to graduate organizations from the outdated paradigm of labor itself. Social researchers, whose expertise is respected, do not waste time on consumptive struggle. They defend operational risk through the energy of autonomous inquiry. The completion of this ecosystem provides corporations with a fortress-like defense. Through it, executives enter a new era of productivity—one that transforms the costs of conflict management into creative research energy.

Chapter 2

Regulatory Innovation: Creative Activity Beyond the Control of Time

For a long time, we have remained bound by the assumption that work must be performed at a designated workplace within fixed hours. Clocking in early in the morning and remaining at one's desk until the end of the workday has been treated as the measure of diligence, while laws and institutions have calculated compensation based on physical time. Yet for social researchers—those who must gather wisdom and discover solutions—this confinement of time has instead become an obstacle to creative immersion. The mind of a knowledge worker does not stop simply because a "clock-out" button is pressed. Just as ideas can arise while walking or resting, work for a social researcher is a continuously active intellectual endeavor, not a process that operates only within specific hours. Nevertheless, outdated laws and systems still attempt to confine these dynamic activities within rigid frameworks such as the forty-hour workweek or overtime classifications. This is no different from binding the wings of a bird that flies freely in the sky and demanding to know why it cannot soar higher.

Corporate management must now decisively move beyond time-based regulation and enter the domain of autonomy. When and where a social researcher works should be determined by the outcomes and value they create, not by externally imposed schedules. Some may worry that granting autonomy will reduce productivity, but individuals who recognize themselves as social researchers demonstrate far higher levels of engagement when trusted than when controlled. For those who understand the satisfaction of having their expertise recognized, the greatest reward is an environment free from interference and the honor of being acknowledged as a professional.

Such regulatory innovation is not merely a gesture of convenience; it is an advanced managerial practice that treats the invisible value of knowledge in an intellectual manner. When autonomy is guaranteed, qualitative change occurs within organizations: wisdom becomes an asset. Under the traditional labor system, retirement often meant the severance and loss of accumulated skills. In contrast, within the social researcher system, it leads to a transformation of roles, enabling the transmission of on-site wisdom. This creates a resilient intellectual ecosystem in which organizational memory is preserved and accumulated rather than lost. Where management and control recede, the energy of voluntary inquiry begins to flow. Once the outdated chains of time are broken, social researchers within the organization are finally able to unleash explosive creativity. At the moment this energy is released, corporations achieve a level of qualitative productivity incomparable to the past—opening a new managerial horizon in which the costs of conflict management are transformed into creative energy.

Part IV

The Researcher System as a New Engine for Corporate Advancement

Chapter 1

The Structure of Samsung's Three-Generation Management: First Generation—Ideology, Second Generation—Expansion, Third Generation—Strategic Operation

Corporations aspiring to global leadership now stand at a historical turning point. Beyond merely increasing market share or maximizing profits, they must demonstrate why their organizations should exist at all. The management history of Samsung, a global enterprise representing South Korea, offers more than a corporate success story; it presents a refined model illustrating how corporate missions must evolve across the first, second, and third generations of leadership. Through the succession from Lee Byung-chul to Lee Kun-hee and now Lee Jae-yong, we must closely examine three core phases: the establishment of ideology, the expansion of systems, and the current era of strategic value creation.

The era of founder Lee Byung-chul was the "Age of Ideology," in which the soul of the corporation was designed. The primary task of the first generation was not to enlarge the company's scale, but to determine what kind of company it would become by establishing a deeply rooted ideology. Only when ideology stands first do people gather, and only when people gather does a company grow. At that time, Samsung was not merely a collection of capital, but an intellectual ground where the finest talents of the era could invest their aspirations and dreams. Talent does not commit itself based solely on conditions; true dedication emerges when individuals resonate with the quality and direction of an organization's ideology. Samsung of this period functioned as a close-knit familial community bound by a shared philosophy, and this intense cohesion became the fundamental driving force behind its rise to global prominence.

The subsequent era under second-generation leader Lee Kun-hee marked the "Age of System Expansion," built upon this ideological foundation. It was a miraculous period in which overwhelming quantitative growth was achieved in global markets, completing the company's physical scale. However, the administrative convenience introduced to manage rapid expansion and an increasingly massive organization brought unintended consequences. As efficiency-driven management systems intensified, members gradually came to be perceived as passive participants bound by contractual relationships. Cold management structures filled the space once occupied by ideological unity, allowing the organization to grow in size while the warm familial cohesion of the founding era slowly dissipated.

The leadership of third-generation chairman Lee Jae-yong now faces a historical mission defined as the "Age of Strategic Value Creation." Contemporary leadership must go beyond simply enlarging the corporation and instead determine how to operate already-secured organizations and resources according to new standards that generate growth on an entirely different level. What is required here is not grand rhetoric, but a return to the foundational ideology of the company's inception and the modern restoration of its core values. Without re-centering ideology, any innovation loses its direction, and the organization grows heavy from within. Accordingly, strategic value operation today must involve restoring a familial order that respects individuals not as costs or objects of management, but as responsible participants who share accountability. When this standard is restored, the designation of "labor" naturally recedes, and the social researcher system becomes firmly established. As the leader's perspective on people changes, the mode of corporate operation transforms organically.

Ultimately, the reform we seek to implement represents not a mere adjustment of institutions, but a qualitative leap that fundamentally redesigns a company's constitution and managerial philosophy. Leaders who achieve this transition will transcend the role of national corporate executives and emerge as new archetypes of leadership recognized by the international community.

Chapter 2

From Corporate Leader to Global Statesman

When a corporation successfully restores its founder's ideology and completes the qualitative transition of treating its internal members not as mere labor, but as social researchers, the stature of its leader no longer remains confined to that of a national business figure. Corporate leaders must now move beyond being managers who simply produce goods and generate profits, and rise as global statesmen capable of diagnosing the fundamental challenges of human society and designing national systems beyond their own borders. This is the ultimate trajectory that third-generation leaders, including Chairman Lee Jae-yong, are called to pursue—and it represents a new definition of global leadership.

Where past leaders focused on expanding product markets and increasing market share, future leaders must take on the role of designing the public interests of humanity itself. True leadership on the global stage does not emerge from market penetration driven by capital power. It arises instead from the ability to accurately diagnose chronic social deficiencies that other nations struggle to resolve on their own—such as outdated education systems, environmental degradation, recurring labor conflicts, or inefficient industrial structures—and to offer wise and effective solutions. When the insights generated by a company's social researchers become foundational assets for transforming other nations' systems, both the corporation and its leader become irreplaceable partners respected worldwide. At this stage, leadership must exercise insight that transcends the domain of business. This is a process of social architecture, in which vast corporate resources are mobilized not merely to secure profit, but to ease global conflicts and fundamentally improve the quality of life in marginalized regions. True global statesmanship is demonstrated not by building factories in foreign countries, but by co-designing social systems that enable local populations to grow as intellectual agents and stand independently. Such actions provide corporations with both formidable protection and influence. Leaders who establish themselves as teachers and designers within the international community are no longer shaken by short-term regulations or minor market fluctuations. When nations actively seek our wisdom and voluntarily adopt the models we present, corporate brands become inseparable from the universal values cherished by humanity.

Ultimately, the rise of the global statesman aligns with a bold declaration: that South Korea will become a research laboratory for solving the world's most pressing challenges. As our leaders execute this grand vision on a global stage, South Korea will no longer be a peripheral exporting nation, but a leading country shaping the world's intellectual and cultural standards. When leaders who have completed corporate innovation through internal labor reform channel their abundant intellectual energy into solving global challenges, humanity will finally encounter a new civilization—one in which the fatigue of labor gives way to the free flow of wisdom.

Part V

Humanity's Research Laboratory and the Future of Korea

Chapter 1

Global Standardization and the Domino Effect

The researcher-centered system and intellectual value–driven operating model that Korean enterprises have completed internally will trigger a domino effect that extends far beyond national boundaries and spreads across the globe. This does not merely signify the export of a single management technique. It represents a process in which Korea becomes the first nation to offer a practical solution—and establish it as an international standard—to the long-unresolved challenges of labor antagonism and stagnating productivity that human society has faced for centuries since industrialization. As this model begins to be applied in global markets, corporations and governments around the world will turn their attention to Korea as a source where human wisdom converges. In the past, Korea worked to imitate and transplant advanced systems from other nations; now, a fundamental shift is underway in which the world adopts Korea's blueprint as a textbook and redesigns its own organizations and national systems accordingly. This wave of standardization will elevate Korea's status from that of a manufacturing powerhouse or export-driven economy to a knowledge-leading nation that designs the direction of human society.

Within this process, the social researchers of Korean enterprises will operate as architects who diagnose real-world conditions across the globe and heal the chronic social deficiencies faced by individual nations. This domino effect—where the transformation of a single company leads to the transformation of an entire industry, and the transformation of one nation extends to systemic change across humanity—will become Korea's most powerful asset in contributing to shared global prosperity. When the new standards we propose take root worldwide, Korea will move beyond being the most advanced student in the vast school of humanity and establish itself as a trusted teacher of wisdom.

The path we have identified is not intended solely for our own benefit; it is a shared milestone aimed at bringing an end to the age of conflict and guiding humanity toward an era of peaceful cooperation. As the standardization of wisdom spreads across the world, Korea will begin its profound journey in earnest—as a great research laboratory dedicated to studying and shaping humanity's tomorrow.

Chapter 2

The Central Axis of a Cooperative Human Civilization

The new management blueprint proposed by Korean enterprises goes beyond mere economic success and will serve as a central driving axis of the cooperative human society we are about to enter. Korean business leaders are no longer followers chasing the systems of other nations; they are now establishing themselves as pioneers of wisdom who design and lead the direction humanity must take. Within this cooperative society, Korean entrepreneurs will diagnose the social deficiencies scattered across the world and take on the role of designing optimized national and industrial systems that enable each society to achieve self-reliance. Leaders will elevate local talent not as simple employees but as researchers, supporting them in growing into experts capable of solving their own national challenges. Our organizations, in turn, will function as research laboratories for humanity, producing the wisdom needed to resolve global challenges. This represents the greatest contribution and strategic asset that Korean business leaders can offer to human society. When we begin to apply wisdom not for short-term competition aimed at defeating others, but with the spirit of benefiting humanity as a whole, the global market will resonate as a single living community centered around Korean enterprises. On the day this management blueprint becomes a new global standard and enables dignified coexistence for all, Korean entrepreneurs will be remembered as pioneers who opened a new horizon in human civilization.

Now, business leaders must liberate their members from the outdated managerial constraint of being treated as labor and elevate them as researchers who design humanity's future, placing them on the global stage. It is our sincere hope that this management blueprint will become a new milestone in the vast school of humanity, enabling our enterprises and society to lead a peaceful and prosperous future.

Closing Reflections

Through this journey, we have identified what must begin anew at the point where the growth of an era has come to a halt. When corporations and nations reach the limits of quantitative expansion, the final task confronting business leaders is not to further increase scale. It is to enter an era of strategic value management, in which the vast resources and wisdom already secured are applied rightly in service of universal human values. The core of this design lies in a managerial wisdom that restores a familial order—one that respects people not as costs or objects of control, but as subjects who share responsibility and create value together. When the basis of relationships shifts from cold contracts to a community of trust, the constitution of an organization improves organically, without the need for coercion. This is precisely why labor reform is not merely a matter of human resources or labor relations, but a form of management innovation that restructures the entire enterprise—and a strategy for the survival of humanity itself.

When business leaders act as global statesmen who design for the benefit of humanity beyond their own nations, Korean enterprises will be reborn as true global leaders and intellectual teachers of humankind. As we move toward a new civilization in which wisdom flows freely, we now look forward to the great first step taken by Korea's business leaders.

REFORM OF THE LABOR SYSTEM

노동개혁

노동자에서 사회 연구원으로 전환하는 설계

< 리포트(Report) >

노동개혁

노동자에서 사회 연구원으로 전환하는 설계 보고서

Ⅰ. 문제 인식 및 보고 배경

지금은 변화의 속도가 매우 빠른 시대다. 과거에는 10년 단위로 이루어지던 사회·산업 구조의 변화가 이제는 1년 안에 판단되고, 3년 안에 실행되지 않으면 의미를 잃는다. 그러나 개혁은 속도만으로 이루어지지 않는다. 구호나 선언이 아니라, 연구와 구조 설계, 그리고 책임 있는 절차를 통해서만 가능하다. 오늘날 반복되는 사회적 갈등과 제도 피로는 특정 집단이나 개인의 문제가 아니다. 우리가 여전히 과거의 사고 구조 위에서 현재를 운영하고 있기 때문에 발생하는 구조적 문제다. 특히 '노동자'라는 명칭과 그에 따른 인식 체계는 지식과 판단, 창의적 문제 해결이 핵심 경쟁력이 된 사회의 요구와 점점 더 충돌하고 있다.

조직과 사회는 사람을 부르는 방식에 따라 다르게 작동한다. 명칭은 단순한 호칭이 아니라, 개인이 스스로를 어떤 존재로 인식하는지, 조직이 어떤 역할과 책임을 기대하는지를 규정하는 출발점이다. 같은 업무를 수행하더라도 '노동자'로 불릴 때와 '연구원'으로 불릴 때, 개인의 사고 방식과 책임 인식은 근본적으로 다르게 형성된다.

대한민국은 이미 지식 사회로 진입했지만, 고용과 노동을 바라보는 명칭과 인식은 여전히 산업 시대에 머물러 있다. 그 결과 조직은 통제와 관리 중심으로 작동하고, 구성원은 수동적 사고 속에서 최소한의 책임만을 수행하는 구조가 반복되고 있다. 이러한 문제는 제도나 보상의 문제가 아니라, 사람을 어떤 존재로 부르고 있는가라는 인식 구조의 문제다. 명칭이 바뀌지 않는 한, 사고 방식과 행동 양식 역시 근본적으로 달라지기 어렵다.

본 보고서는 "명칭이 바뀌면 마인드가 바뀌고, 마인드가 바뀌면 행동이 바뀐다"는 전제 위에서, 이 문제를 제도나 조건의 문제가 아닌 사고 구조의 문제로 바라본다. 그리고 '노동자' 중심 구조를 '연구원' 중심 체제로 전환할 때, 개인의 역할 인식과 조직의 작동 방식, 나아가 사회 구조 전반이 어떻게 변화할 수 있는지를 분석하고 그 방향을 제시한다.

Ⅱ. 보고 목적

본 보고서는 다음의 목적을 가진다.

- 명칭이 개인의 인식과 행동에 미치는 구조적 영향을 명확히 한다.
- '노동자'라는 명칭이 만들어내는 수동적 사고 구조를 진단한다.
- '연구원'이라는 명칭이 전제하는 주체적 사고와 행동 변화를 설명한다
- 명칭 전환을 통해 조직의 행동 양식과 성과 구조를 바꾸는 방안을 제시한다.
- 연구원 체제를 기업과 국가 비전으로 확장할 수 있는 가능성을 제시한다.

Ⅲ. 전환의 필요성: 노동자 명칭이 만드는 사고 구조

1. 노동자 명칭과 수동적 마인드의 형성

'노동자'라는 명칭은 산업화 시대에 형성된 개념으로, 다음과 같은 사고 방식을 전제한다.

- 주어진 일을 수행하는 역할
- 지시와 규정에 따라 움직이는 행동
- 책임보다 권리와 보호를 우선하는 인식

이 명칭 아래에서 개인은 스스로 판단하기보다 지시를 기다리게 되고, 문제를 해결하기보다 규정을 확인하는 행동 양식을 학습하게 된다. 이는 개인의 성향 문제가 아니라, 명칭이 만들어낸 사고 구조의 결과다.

2. 지식 사회와 사고 구조의 불일치

지식 사회에서 요구되는 행동은 다음과 같다.

- 문제를 스스로 정의하는 사고
- 해법을 설계하고 선택하는 판단
- 결과에 대한 책임 있는 행동

그러나 노동자 명칭이 유지되는 한, 이러한 행동은 구조적으로 제한된다. 명칭과 기대 행동 사이의 불일치는 조직 전체의 비효율과 갈등으로 이어진다.

3. 노동자가 없으면 노사분규도 없다

노사분규는 흔히 임금, 근로시간, 복지 수준과 같은 이해관계의 충돌로 설명된다. 그러나 이러한 설명은 현상을 반복적으로 관리할 뿐, 갈등의 근본 원인을 제거하지는 못한다. 제도가 개정되고 보상이 확대되어도 노사갈등이 사라지지 않는 이유는, 갈등의 출발점이 조건이 아니라 정체성 구조에 있기 때문이다.

'노동자'라는 명칭은 사용자와 대립하는 집단 정체성을 전제한다. 이 명칭 아래에서 조직은 통제와 관리의 주체가 되고, 노동자는 보호와 저항의 주체로 고정된다. 이 구도가 유지되는 한, 협력은 일시적일 수 있으나 갈등은 구조적으로 반복될 수밖에 없다.

노사분규는 개인의 성향이나 협상 실패의 문제가 아니다. 그것은 노동자라는 정체성이 존재할 때 자동으로 형성되는 구조적 갈등이다. 따라서 갈등을 줄이기 위한 제도 조정이나 중재 강화는 근본 해법이 될 수 없다.

연구원 체제로의 전환은 노사갈등을 '관리'하는 접근이 아니라, 갈등의 주체 자체를 소멸시키는 전환이다. 연구원은 사용자와 대립하는 존재가 아니라, 공동의 문제를 해결하는 주체로 정의된다. 이 순간 조직 내부의 관계는 대립 구도가 아니라 협력 구조로 재편된다.

노동자가 사라진다고 해서 일이 사라지는 것은 아니다. 다만 '대립적 정체성'으로서의 노동자가 사라질 뿐이다. 노사분규가 줄어드는 것이 아니라, 발생할 구조 자체가 해체되는 것이 연구원 체제의 본질적 의미다.

IV. 구조적 대안: 연구원 명칭이 만드는 행동 변화

1. 명칭 전환과 마인드 전환

'연구원'이라는 명칭은 다음과 같은 인식을 전제한다.

- 문제를 인식하고 탐구하는 주체
- 판단과 설계의 책임을 지는 존재
- 결과에 대해 설명 가능한 역할

명칭이 연구원으로 바뀌는 순간, 개인은 지시를 기다리는 사고에서 벗어나 스스로 판단하고 책임지는 마인드로 이동하게 된다. 이는 교육이나 훈련 이전에 작동하는 가장 빠른 인식 전환 장치다.

2. 규제 혁신: 수동적 사고를 넘어선 창조적 연구 활동

연구원 명칭에 부합하는 행동을 가능하게 하기 위해서는 규제 방식 역시 전환되어야 한다.

- 시간 통제 중심 규제 → 성과·책임 중심 구조
- 절차 준수 중심 업무 → 문제 해결 중심 연구 활동
- 계약자로서의 수동적 사고 → 연구 주체 사고

이러한 규제 혁신은 규칙을 느슨하게 만드는 것이 아니라, 사람의 사고 방식 변화에 맞게 구조를 재설계하는 과정이다.

V. 기업 차원의 변화: 전략과 리더십의 전환

1. 명칭 변화가 기업 전략에 미치는 영향

연구원 체제가 정착된 조직에서는 다음과 같은 변화가 나타난다.

- 관리 중심 전략 → 설계 중심 전략
- 단기 성과 관리 → 중장기 가치 창출
- 인력 관리 → 연구 환경 조성

이는 인재를 비용이 아닌 판단과 설계의 주체로 인식할 때 가능한 변화다.

2. 연구원 체제가 기업의 전략과 리더십에 가져오는 변화

연구원 체제가 기업의 전략과 리더십에 가져오는 변화를 제시한다.

- 리더의 역할 변화: 통제자 → 방향 제시자
- 조직 문화 변화: 복종 → 자율과 책임
- 의사결정 방식 변화: 상명하달 → 판단 공유

명칭 전환은 리더십의 성격 자체를 바꾸는 출발점이 된다.

VI. 국가 비전으로의 확장 가능성

1. 연구원 체제의 국가적 의미

연구원 체제가 국가 비전으로 확장되는 가능성을 제시한다.

- 노동 중심 국가 → 연구·지혜 중심 국가
- 고학력 인구 구조에 부합하는 사회 시스템
- 인재 유출 구조 → 인재 유입 구조

2. 대한민국의 미래 역할

연구원 명칭이 사회 전반에 정착될 경우, 대한민국은 다음과 같은 역할을 수행할 수 있다.

- 인류 공동 문제 해결을 위한 연구 협력 허브
- 제도가 아닌 인식 구조를 제시하는 국가
- 새로운 사회 모델을 제안하는 선도 국가

VII. 결론 및 정책적 시사점

사람은 불리는 이름에 따라 생각하고, 생각한 방식대로 행동한다. 노동자라는 명칭은 수동적 사고를, 연구원이라는 명칭은 주체적 사고를 만든다.
노동개혁의 출발점은 제도 조정이 아니라 명칭 전환이다.
명칭이 바뀌면 마인드가 바뀌고, 마인드가 바뀌면 행동이 바뀌며, 그 행동의 변화가 조직과 국가의 구조를 바꾼다.
연구원 체제로의 전환은 선택이 아니라, 대한민국이 다음 단계로 나아가기 위해 감당해야 할 필연적 전환이다.

REFORM OF THE LABOR SYSTEM

노동개혁

노동자에서 사회 연구원으로 전환하는 설계

< 프리젠테이션 자료(Presentation Materials) >

REFORM OF THE LABOR SYSTEM

노동개혁

노동자에서 사회 연구원으로 전환하는 설계

"호칭 변경"이라는 작은 출발에서 시작하는
노동 패러다임의 전환

노동의 끝에서 무엇이 시작되는가?

끝나지 않는 악순환, 노사갈등

구조적 문제

노동자라는 개념이 유지되는 한 노사 관계는
본질적으로 대립적 구조를 벗어날 수 없음

무의식적 순응

기업과 근로자 모두 이 시스템에 익숙해진 나머지,
갈등을 반복 생산하는 구조라는 사실을 충분히 인식하지 못함

노동개혁의 필요성

시대의 발전과 인재의 성장에 맞춘
새로운 패러다임으로의 전환 필요

1950s	1970 – 90s	1996	2021
한국전쟁	한강의 기적	OECD 가입	UNDP 선진국

선진국 대열에 올라섰지만 사람들은 아직 '노동자'로 불리고 있다

시대의 변화에 따라 우리는 어떻게 바뀌었나?

1950s	1970 – 90s	1996	2021	현재
한국전쟁	한강의 기적	OECD 가입	UNDP 선진국	

과거: 생존형 노동 시대

- 지식 부족, 거친 환경
- 몸을 써서 시간을 버팀
- 일하지 않으면 먹을 수 없음
- 노동 = 생존의 조건

VS

현재: 지식인 사회

- 고등교육 보편화
- 판단과 선택 능력 보유
- 사고하고 해석하는 인간
- 노동 ≠ 정체성

II. 문제 제기

그럼에도 우리는 산업화 시대의
'노동자'에 머물고 있다.

왜 그럴까?

지식인 사회의 역설

뛰어난 인재들은 훌륭한 사고 역량을 갖추었음에도 불구하고,
정작 일터에서는 자신의 정체성을 노동자라는 수동적 지위에 가두는 기묘한 역설에 빠져 있다

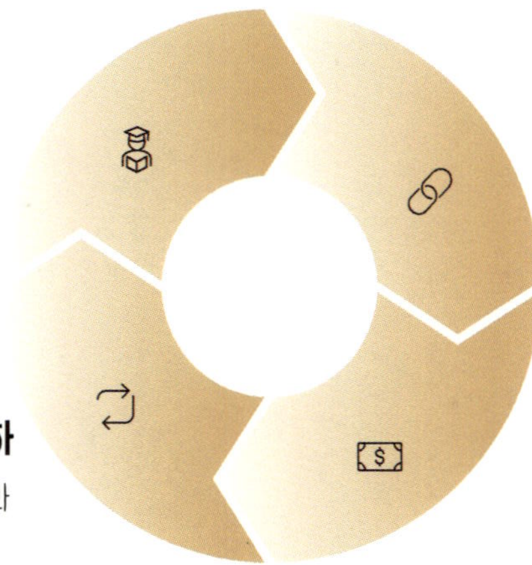

높은 교육 수준

세계 최고 수준의 고등교육 이수율

구조적 제한

잠재력이 구조적으로 제한되어 있다는 사실을 인지하지 못함

주체성 저하

자발적인 창의성 발현을 가로막는 결과

보상 중심 사고

시스템이 제공하는 보상과 안정을 최우선 가치로 여김

'노동자'라는 이름에 묶인 현대판 노예

아무리 높은 학력과 전문 지식을 갖추었더라도
일의 방향과 의미를 스스로 설계할 수 없는 상태라면, 종속된 역할 수행에 머물게 된다.

노예 구조의 본질은

자신의 의지보다 외부의 결정이 우선되는 구조,
선택권을 제한하는 대신 생계를 보장하는 방식에 있다.

노동자가 된 지식인	역할 축소	노사 분규(갈등 발생)	근본적 해법
사고(思考)와 책임 범위가 제한됨	근로자는 자신의 역할을 채우는 데 에너지를 쓰게 됨	갈등의 원인을 임금, 조건에서 찾음 → 끝나지 않는 분쟁	악순환의 고리를 끊을 근본적 해법 필요

명칭의 정치학

조직에서 사용하는 호칭은 단순히 상대의 책임 범위와 사회적 위치를 정의하는 가장 기초적인 설계도임.

과거의 노동자

산업 역군으로서의 자부심과 성실함을 상징하는 훈장. 그 시대의 헌신이 있었기에 오늘날 우리가 누리는 번영이 가능했음.

↓

현재의 한계

지식인 사회로 진입하면서, 과거에 유효했던 호칭 체계는 새로운 성장을 담아내기에 다소 비좁은 틀이 됨.

↓

미래의 연구원

구성원 한 명 한 명을 가치 창출의 주체인 연구원으로 격상시키는 정체성 혁명을 시작해야 함.

호칭이 바뀌면 태도가 바뀐다

중요 전제: 본 설계는 근로기준법상 지위, 임금 및 계약 조건을 유지한 상태에서 조직 내 역할 인식과 책임 범위를 재설계하기 위한 명칭 전환

	노동자 →	연구원
사고 방식	지시 대기, 수동적	문제 탐구, 주체적
행동 양식	규정 확인, 절차 준수	해법 설계, 창의적 해결
책임 인식	최소 책임, 권리 우선	결과 책임, 설명 가능
조직 구조	통제와 관리 중심	바율과 협력 중심
리더십	지시와 감독	방향 제시와 지원
성과 기준	시간과 절차	가치와 결과

호칭에서 시작되는 변화 단계: 호칭 → 마인드 → 태도 → 행동

노동자가 없으면 노사분규도 없다

노사분규를 종결하는 유일하고도 근본적인 방법은 투쟁의 현장에서 승리하는 것이 아니라,
현장에서 노동자라는 대립적 신분 자체를 해소하고 이를 졸업시키는 데 있다.

	계약 관계	공동체 관계
	노동자 vs 회사	**연구원 체제**
<구조>	피고용자 vs 고용주	상호 협력 주체들
<쟁점>	임금, 시간, 조건	환경, 조건, 방향
<방식>	협상, 투쟁, 중재	토론, 설계, 협력
<결과>	갈등 반복	갈등 소멸, 원천 차단

노동자 신분 해소 → 대립 구조 해체 → 연구원 체제 확립 → 지적(知的) 협력관계 → 노사분규 종결

자율성이 가져오는 변화

관리와 통제가 사라진 자리에는 자발적인 탐구의 에너지가 흐르게 됨.
시간이라는 낡은 사슬을 끊어낼 때 조직의 연구원들은 비로소 폭발적인 창의성을 발휘하게 됨.

24 hours

지적활동

연구원에게 일은
24시간 깨어 있는 지적 활동

100%

몰입도 향상

통제할 때보다 신뢰할 때
훨씬 더 높은 몰입도

0%

간섭 제거

가장 큰 보상은
간섭 없는 환경과
연구원으로서 인정받는 명예

명칭 변화가 기업 전략에 미치는 영향

인재에 대한 인식 전환: 비용이 아닌 판단과 설계의 주체

관리 중심 전략	단기 성과 관리	인재 관리
'노동자'는 관리의 대상	'연구원'으로 주체적 활동 → 중장기 가치 창출	기업의 제1목적이 이윤 추구에서 인재 관리 및 연구환경 조성으로 전환됨

리더십과 조직 문화의 변화

명칭 전환은 리더십의 성격 자체를 바꾸는 출발점이 됨.
연구원 체제는 기업의 전략과 리더십에 근본적인 변화를 가져옴.

리더의 역할	**통제자**에서 **방향 제시자**로 전환
조직 문화	**복종**에서 **자율과 책임**으로 전환
의사결정 방식	**상명하달**에서 **판단 공유**로 전환

'연구원 체제' 전환의 파급 효과

명칭 전환은 개인에서 시작해 조직, 사회, 국가로 확장되는 선순환 구조를 만듦.

개인

주체적 사고와 책임 있는 행동

기업

- 창의적 문제 해결과 가치 창출
- 자발적, 능동적 문화 형성으로 기업 잠재력 강화

국가

- 연구 중심 선도 모델 제시
- 인재가 유입되는 국가로 발돋움
- 국제 연구 협력의 중심지로 부상

사회

인사이트 기반 경쟁력 강화

사람은 불리는 이름에 따라 생각하고,
생각한 방식대로 행동한다

노동자라는 명칭은 수동적 사고를 만들고, 연구원이라는 명칭은 주체적 사고를 만듭니다.
명칭이 바뀌면 마인드가 바뀌고, 마인드가 바뀌면 행동이 바뀌며,
그 행동의 변화가 조직과 국가의 구조를 바꿉니다.

노동개혁의 출발,
명칭 전환.

노동자 → 연구원

선택이 아닌 필연입니다.

THANK YOU

노동개혁 – 노동자에서 사회 연구원으로 전환하는 설계

2025년 12월 30일 초판 1쇄 발행

말한이 천공
기 획 신경애
함께한 사람들 이지은, 김진성, 고은희

발행처 주식회사 정법시대
등록번호 제 2017-000022 호
주소 경기도 화성시 동탄대로9가길 23, A동 633호
전화 02 - 2272 - 1204
E-mail jungbub2013@jungbub.com
Homepage www.jungbub.com
YouTube www.youtube.com/jungbub2013

ISBN 979 - 11 - 89546 - 53 - 3(04300)
ISBN 979 - 11 - 89546 - 51 - 9(SET)